KB271326

사이를
있는
감각으로

윤사라

비와꽃

사이를

있는

감각으로

연결의 감각

노래 《가시나무》의 첫 소절 '내 속엔 내가 너무도 많아서 당신의 쉴 곳 없네'의 반대가 내 마음이다. '내 속엔 네가 너무도 많아서 매일 밤 너를 떠올리네'

어릴 때부터 내 삶엔 늘 누군가가 존재했다. 부모, 형제는 물론이고, 피를 나누지 않았지만 필연적으로 내 곁에 와 나의 일부가 된 사람들이다. 내가 나로서면 지낼 수 없었던 이유, 더불어 사는 것을 몸으로 배웠던 날들, 나의 인생보다 우리의 인생을 그렸던 시간. 그

속에 네가 있다.

　내 마음에 콕 박혀 오랫동안 머문 너를 그리며 자주 웃다 울었다. 틈틈이 네가 떠올랐고, 네가 해야 할 고민을 시키지도 않았는데 나서서 하는 나를 발견하며 도대체 우린 어떤 감각으로 연결되었을까 생각해 본다. '우리는 왜 이토록 서로를 느낄까?' 어떤 신경의 반응인지 알 수 없으나 쉽게 지나칠 수 없었던 무언의 책임감, 연대감, 기대감이 서로를 강하게 연결시켰으리라 생각한다. 이건 마치 영혼의 이끌림과 같은 신비로운 감각이다.

　그리고 이 연결의 감각은 나를 안정시키기도 했지만, 때론 지겹게도 했다. 어떤 연유에서든지 내 머리를 가득 채운 사람은 현재 나와 연결된 사람임에 분명하고, 기분 좋은 연결과 불편한 연결은 늘 공존하므로 나는 그것을 쉽게 지나칠 수 없었다.

　　나의 인생, 너의 인생. 두 배의 인생을 살기까지 우린 얼마나 많은 일을 겪었는지. 인생을 논하기엔 아직 젊지만, 우리의 이야기는 절대 얕지 않다. 내 속에 너무 많은 너를 그리며 나에게서 너에게로 시선을 옮기고, 너의 인생을 살아보지 않았지만 왠지 네 자리에서 너의 세계를 볼 수 있는 날들이었다. 그래서일까. 너의 모태와 같은 마음으로 지내왔음을 고백한다. 마치 태아가 탯줄로 어미와 연결되듯 우리 사이를 잇는 감각의 줄이 서로의 마음을 헤아릴 수 있게 도왔다고. 그래서 나도 모르게 너를 고민하고, 네 아픔이 내 아픔처럼 느껴져서 지나칠 수 없었다고. 이건 나의 오랜 숙명이라고.

　　무심코 튀어나오는 한숨은 너를 근심하는 마음이고, 자려고 누울 때마다 하는 고민

은 너를 붙드는 방법이다. 그러니 한결같이 이
밤을 지키고 싶다. 나의 신경 끝과 호흡 안에
머무는 너를 더 사랑하고 싶다. 우리 사이를
잇는 감각으로.

　　　-당신의 곁에서 편지하는, 윤사라

차례

2. 지혜가 필요할 때

3. 사랑하고 싶을 때

1. 고통이 발목 잡을 때

이미 겪었고, 앞으로도 겪을 불안에 관하여

근심이 쌓여 불안해하는 이에게 아무 말도 전하지 못한 날이 있다. 위로랍시고 건넨 서툰 말이 괜한 오지랖이 될까 봐 어떤 말도 하지 못하고 그의 눈동자에 드리워진 불안의 그림자를 못 본 척 지나쳤다. 머릿속에 떠오르는 말 중에 어떤 말이 가장 좋을지 골라내느라 마저 건네지 못했던 그날의 위로를 이제라도 전해본다.

삶이 내 마음 같지 않을 때, 우리는 불안을 느낀다. 순간 불안해지면 머리로는 괜찮다고 스스로 다독이지만, 마음 잡는 게 쉽지 않다. 아직 일어나지 않은 일에 '어쩌면 생길지도 모르는' 비관적인 가능성을 붙여 걱정하고, 통제할 수 없는 상황에 대한 긴장감으로 왠지 한동안은 계속 이런 상황이 유지될 것 같은 착각을 한다. 그렇게 불안에 잠식되면 언제 끝날지도 모르고 단번에 끝낼 수도 없는 막연함에서 서서히 자신을 잃는다. 모두 불안의 계략임에도 우리는 속절없이 무너지고 만다.

내가 발견한 불안 극복법은 지독하게 용기 내는 것이다. 불안할수록 초조해졌고, 그럴수록 몸은 더뎌졌다. 근심이 쌓여 머리가 묵직해졌고, 자연스럽게 최악의 상황을 상상하곤 했다. 언젠지도 모르게 나를 삼켜버리는 불안의 늪이 목까지 차올랐을 땐 이렇게 살면 안 된다는 생각이 들었다. 그래서 최선을 다해 나의 나약함을 고백했다. 내가 어떤 성별로, 어디서 태어날지, 언제 어떻게 죽을지, 심지어 태어날지 말지조차 직접 선택한 것 없으니 인생이란 본래 마음대로 할 수 있는 것이 아니라고. 그러니 혼자서는 이 늪에서 빠져나올 수 없다고 인정했고, 누군가 내 손을 잡아 끌어주기를 요청했다.

불안한 상황에서 발휘하는 용기는 불편했지만, 이런 불편한 노력은 나를 기적의 상황으로 이끌었다. 덕분에 삶의 판도를 뒤엎을 정도의 큰 변화는 숨기고 싶은 자신의 밑바닥을 마주하는 자세에서 비롯된다는 것을 깨달았다.

아, 나는 한낱 보잘것없는 사람이구나―
이런 나를 살리겠다고 힘껏 끌어주었구나.

탄식하듯 결핍을 인정하면 나를 향한 손길들에 감사해진다. 그리고 이까짓 불안 따위 누구나 겪을 수 있는 일이고, 나는 그것에 지기도 하는 존재라는 사실에 조금 의연해진다.

생각보다 공든 탑은 자주 무너지고, 뿌린 대로 거두지 못하는 삶은 많다. 그런 허망을 알고도 살아가는 것은 대단한 일이기도 하다. 그러니 공든 탑이 무너졌다고, 뿌린 것을 거두지 못했다고 너무 오래 좌절하진 말자. 내가 계획하고 파악한 것이 다가 아님을 기억하자. 오히려 마음과 다르게 안 되는 일이 연달아 일어날 때, 신의 손길과 같은 기적의 순간이 유의미할 것이다. '나의 불안을 떨치소서' 하고 기도하는 마음은 뻔한 이치 속에서도 예외를 바라는 우리의 기대감 아닐까.

　　우린 죽을 때까지 미완성의 존재다. 그 사실을 잊고 스스로 완전해지려 할수록 더 불안해진다. 완벽해야 한다는 강박에서 벗어나, 못하기도 하고, 실수를 남발하기도 하며, 때론 대차게 넘어지면서 자신의 허점을 고백하는 아주 '인간적인 사람', 그 자체면 좋겠다.

오래 남은 흔적

북토크에 참여하신 분들과 '상처'에 대한 이야기를 나눴다. 우리 모두에게는 해결되지 않은 상처가 있고, 그 상처는 흔적으로 남는다는 내용이었다. 어릴 때 들었던 모욕적인 비교나 어른이 돼서도 겪는 관계적인 어려움, 상대방의 말에 마음이 상해버린 기억, 심하게는 부모, 자녀와 연이 끊기고, 형제들과 소통하지 않는 일까지. 내가 감히 그들이 겪은 일을 모두 안다고 말할 수 없지만, 누구에게나 자신을 괴롭히고, 힘들게 하는 '흔적'이 있다는 점에서는 크게 공감했다. 그리고 그 흔적들은 대부분 인간관계에서 오는 것이라고 말하며 대화를 이어갔다.

상처로 비롯된 흔적은 트라우마와 같다. 작은 서운함이야 시간이 지나면 차차 잊히지만, 부정적인 감정이 짙게 밴 기억은 익숙해지려 해도 쉽지 않다. 처음엔 상처 그 자체가 힘든 것이었으나 시간이 지나면서 상처는 피부에 새겨진 흉터가 되고, 아물었다고 생각하며 무뎌질 때마다 참을 수 없을 만큼 가려워진다. 그렇게 깊게 새겨진 상처를 자각하는 순간, 쉽게 벗어날 수 없을 것 같은 기분에 휩싸인다. 결국 덮어두다 곪고, 손을 대다 덧나 악순환이 반복된다. 도저히 어쩔 도리가 없다.

해소하지 못한 과거를 현재의 내가 감당

하는 건 당연하고, 그때마다 어디론가 숨어버리고 싶은 마음이 드는 것도 자연스럽다. 서둘러 잊고 싶은 기억은 언제나 마주하기 두려워 심연에 오래도록 묻어두게 되지만, 다시 떠오르는 장면과 감정은 발목을 붙잡을 뿐이다. 그러니 잠시 숨을 고르고 최선을 다해 치료할 필요가 있다. 우리 안에 잠든 오랜 기억을 뒤엎을 만한 강렬한 경험에 한껏 감동하도록 열어놓는 것이다. 그리고 언젠가 감동의 날이 오면 그땐 나에게 머문 과거를 회복될 준비가 됐다는 뜻이다.

정서적인 경험의 반복은 자신의 바람에 영향을 미친다. 몸과 마음에 안 좋은 경험이 쌓일수록 행복에 대한 갈망은 깊어지고, 심신에 좋은 경험이 쌓이면 마음속 상처와 관계의 어려움은 누그러들 것이다. 그러니 부디 건강한 방법으로 회복되기를 바란다. 함께 할 때마다 마음이 풍요로워지는 사람들과 이야기를 나누며 마음을 털어놓고, 나를 아프게 하는 과거에 편지하며 아주 조금씩 마음의 여유가 생기고 있다고, 이제는 원망하지 않을 수 있게 되었다고 고백하는 시간을 갖길 바란다. 그 누구도 트라우마와 같은 깊은 상처에서 자유롭긴 쉽지 않으니 부끄러워 말고, 자신은 절대 사람에게 상처받지 않는다고 말하는 이도 언제, 어떤 상황으로 마음에 근심이 쌓일지 모르니 누군가의 아픔을 '엄살'로 치부하며 너무 매섭게 몰아세우지 말자. 서로의 영혼을 위로하며 상처를 가릴 새살을 돋우는 우리가 되길. 오래된 흔적을 뒤엎을 만한 긍정적인 경험의 반복은 어질러진 마음을 모으는 매듭이 될 것이다.

작은 세계에서의 발버둥

무능함을 느낄 때, 내 세계는 한없이 작아 보인다. 나를 위한 사람들이 있고, 나를 에워싼 그럴듯한 환경이 있어도 내가 당장 할 수 있는 것이 없다면 나의 리그는 '고작 이 정도 크기'로밖에 생각되지 않기 때문이다.

우리가 무능함을 느꼈던 첫 경험은 어린 시절에 있다. '할 수 있다' 보다 '하면 안 된다'를 더 많이 들었던 때. 스스로 해야 한다고 배웠지만, 스스로 할 수 있는 것이 매우 적어서 난감했던 때. 게다가 몇 차례 겪은 가정 내의

크고 작은 문제는 범접할 수 없는 어른들의 영역이었다. 아이로서 할 수 있었던 건 그들의 대화를 들어도 듣지 못한 척, 남몰래 받은 상처도 아무렇지 않은 척 꺼내지 않는 것이었다. 그때의 우린 작았고, 당연히 어린 우리의 세계는 '겨우 그 정도' 크기였다.

한 사람의 세계는 어른이 되면서 조금씩 확장되지만, 그렇다고 늘 나이와 정비례하는 건 아니다. 여전히 할 수 없는 것들이 많고, 부모로부터 받는 요구사항에 매여 있고, 어린 시절에 채워지지 않은 결핍을 끌어안고 살면 자꾸 아이처럼 작아지기 마련이다. 성인이 된 우리는 마음껏 말하고, 뛰고, 질문할 수 있는 나이가 됐음에도 여전히 스스로 선택하고 거절하는 것에 어려움을 느낄 때가 많다. 그런 자기 모습이 무능해 보여서 '역시 나의 세계는 작아'라고 또다시 한탄하며 세상의 최약체로 살아가기를 반복하기도 한다.

언젠가 가진 것이 없어서 내세울 것도 없다고 말하는 너를 보며 마음이 아팠던 적이 있었다. 내가 보는 넌 이미 충분한데, 정말 넌 아무것도 가지지 않았다고 생각했던 걸까. 그렇게 말하는 너도, 그런 너를 바라보는 나도 나름 우리의 세계 안에서 치열하게 살아왔다. 그러니 이젠 발버둥이 아니라 날갯짓할 때라고 말해주고 싶다. 우린 더 이상 최약체가 아니라고.

현재 아이인 사람도, 과거에 아이였던 사람도 따지고 보면 모두 어설프고 무능한 존재다. 나를 둘러싼 거대한 환경 속에 있는 내가 한없이 작아 보여서 당황스러울 때, 잠시 나처럼 약한 자들의 처지를 생각해 본다. 원래 우리는 모두 이렇게 태어났다고. 그러니 누구보다 서로를 더 이해하고, 도울 수 있다고. 약한 자들을 더 존중하고 아껴줘야 할 이유이기도 하다. 이젠 작은 세계와 작은 세계의 끈끈한 연대가 필요한 때다. 함께 도약할 때가 왔다.

1. 고통이 발목 잡을 때

함께 있어도 외로움을 느끼는 사람

누군가의 외로움을 발견하면 그 사람의 이야기를 들어주고 싶어 주변을 맴돈다. 어딘가 소외된 것 같은 기운을 풍기면 도저히 그냥 지나칠 수 없다. 분명 가정이나 학교, 친구, 회사, 종교, 어디든 소속되어 있을 텐데 그 기운을 풍긴다는 건 꽤 오래 묵혀진 슬픔일 것이기에.

쉽게 감춰지지 않는 그의 마음을 조금이라도 채워주고 싶어서 괜히 무심하게 말을 건

넨다. 요즘 어떻게 지내냐고, 무엇을 하며 하루를 보내고, 밥은 잘 챙겨 먹냐고. 아무렇지 않게 대화하다 보면 외로움이 조금 덜어지지 않을까 해서 그가 다시 고개를 숙이려 들 때쯤 질문을 건네 그를 깨운다. 그리고 늘 같은 자리에서 궁금해하는 사람이 있다는 걸 보여준다. 그러다 어느 날 나의 질문에 외롭다고, 마음 터놓고 이야기할 사람이 필요하고, 재밌는 일이 없다고 대답이라도 하면 나는 그걸 덥석 물어 꼭 안아주고, 말해줘서 고맙다고 감사의 인사를 전한다. 그리고 나란히 앉아 젤리를 나눠 먹으며 그 사람의 대나무숲이 된다.

우린 늘 어딘가에 소속되어 있지만, 소속했다는 사실보다 그 속에서 느끼는 심리적 안정감이 중요하다. 가족이 있어도 차라리 헤어지는 게 낫다고 여겨질 만큼 별로인 사이는 기쁨이 되지 않고, '이게 맞나?'라는 생각이 드는 사람과 오래 어울리면 나의 하루를 의심하게 되듯이 우리에게 소속은 매우 중요한 문제이며, 이에 대한 답을 제대로 찾지 못하면 삶의 많은 부분이 비어있다고 느낀다.

빈 부분이 크거나 많으면 밀도가 낮아질 수밖에 없다. 마치 끊임없이 일렁이는 파도에 작은 배 하나를 홀로 띄운 것처럼, 물을 부어도 채워지지 않는 밑 빠진 독처럼. 존재하지만 어딘가 허하고 불안정한 상태가 된다. 그래서 정서적으로 소속하지 못했을 때의 외로움은 아무 곳, 아무 사람에게 쉽게 소속되려는 실수로 이어진다. 이미 소속되어 있는 무리로부터 외면당할까 봐 그들의 입맛에 맞는 선택을 하고, 나에게 독이 되는 관계임에도 놓지 못한다. 절대 만나지 말아야 할 사람을 알아보지 못하고 선뜻 시간을 내주기도 하며, 어떤 사람인지 잘 파악하지 않고 나를 맡겨버리기도 한다. 바다에 빠지지 않기 위해 옆에 있는 밧줄을 끌어다 배를 고정했는데 알고 보니 부둣가에 박힌 단단한 밧줄이 아니라 같이 흔들리는 옆 배의 밧줄일 때가 많다.

이 세상엔 아프게 살아가는 사람이 많다. 나도 예외는 아닐 것이다. 그럴 땐 가족, 혹은 함께 있을 때 내 마음이 건강해지는, 가족 같은 사람들과의 시간을 늘려야 한다. 먼 가족보다 가까운 이웃이 낫다는 표현은 괜히 있는 게 아닐 테다. 외로운 인생이라도 서로의 대나무숲이 되어줄 한 사람은 분명히 있다고 믿는다. 나의 이야기에 귀 기울여줄 한 사람, 반대로 나에게 맡겨진 한 사람. 그러니 당신 곁을 맴도는 귀인을 꼭 발견하길 바란다. 언젠가 나시 고개를 숙이고 싶어질 때, 그 사람을 찾아가 함께 젤리를 나눠 먹도록 하자. 그리고 우리가 어떻게 연결되었는지 이야기하자.

자기를 불쌍히 여기는 마음

물이 반 채워진 컵이 있다. 누구는 그 컵을 보고 "물이 반밖에 없네"라고 말하고, 누구는 "물이 반이나 있네"라고 말한다. 같은 것을 보고 표현이 다른 것은 그 사람의 마음이 얼마나 채워져 있느냐에 있다.

마음이 풍요로운 사람은 세상을 바라보는 눈이 가득 채워져 있어서 반 정도의 물을 보고도 충분하다고 여긴다. 눈앞의 상황이 넉넉하지 않아도 이미 가진 것들에 집중하기 때문이다. 하지만 마음이 궁핍한 사람은 늘 부족함을 느낀다. 반 잔의 물이라도 마실 수 있는 감사보다 마음껏 목을 축이지 못하는 자기 연민이 더 크다. 남과 자주 비교하고, 갖지 못한 것에 불만하고, 조금만 불편해도 재밌게 놀았던 시간을 잊고, 가졌음에도 더 큰 것을 바라고. 본능적으로 인간의 생각은 긍정보다 부정에 더 쉽게 이른다. 본능이 부정으로 이끌 때, 생생한 감각으로 현재를 볼 수 있어야 한다. 스스로 가여워하는 마음을 자주 공유하면 자신은 물론이고, 주변 사람들까지 불행으로 갉아먹기 때문이다.

상황이 여유로워도 가지지 못한 것을 생각하며 늘 아쉬워하는 사람이 있고, 크게 가진 것이 없어도 현재 누릴 수 있는 것에 만족하는 사람이 있다. 마음의 풍요는 손에 쥔 것에 달린 것이 아니라 얼마나 삶에 만족하는가에 달

렸다. 그래서 감사를 잊고 서운함만 기억하면 인생은 쉽게 무너진다. 불평, 불만으로 마음이 채워지면 세상을 바라보는 눈도 메마를 수밖에 없다. 나를 불쌍히 여기는 마음은 자주 독이 된다.

반복되는 일이 지루해질 때쯤

인생이 재미없게 느껴질 때가 있다. 늘 재밌어도 이상하지만, 매일 반복되는 일에 생기가 사라지면 무기력해진다. 같은 장소, 시간, 사람, 일에서 느끼는 안정감은 어느새 지루함으로 변해 내 인생이 쳇바퀴가 된 양 무엇을 위해 이렇게 반복적으로 열심히 살아왔는지 허무해진다. 특히 한 곳에서 오래 일했거나 번 아웃이 온 상태에서 이런 기분을 잘 느낀다. 직장에서뿐만 아니라 공부, 육아 등 하루 중 큰 비중으로 반복되는 모든 영역에서

일어날 수 있는 감정이다. 그런데 매일 하는 일이 지겹고, 사람이 힘들어서 삶에 생기가 사라졌다가도 아이러니하게 나를 살리는 건 또 일이고, 사람이다.

중고등학교에서 표준화 검사 해석 강사로 일하는데, 평소와 같은 일정이라도 아이들의 에너지가 어떠한가에 따라 나의 태도가 조금씩 달라짐을 느꼈다. 그중 하루는 엎드려 자거나 딴짓하는 아이 없이 반 전체가 호의적인 태도로 수업을 잘 따라줬는데, 그것만으로도 나에겐 큰 힘이 됐다. 그날 집에 와서 남편에게 학교에서의 일을 조잘조잘 말하니 남편은 내 눈이 반짝인다고, 그걸 보고 듣는 자기도 기분이 좋다고 했다. 남편의 말처럼 그날은 유독 내가 맡은 역할이 무엇인지 더없이 만끽한 날이었다.

누군가의 작은 친절이 내 마음에 생기를 불어넣었다. 그렇다면 나의 웃음과 적극적인 태도, 친절도 누군가의 하루를 살릴 수 있지 않을까? 억지로 웃을 필요는 없지만 또 굳이 냉소적일 이유도 없다. 거울 앞에 서서 나를 향해 웃는다고 생각하면 어렵지도 않다. 그래서 나는 따뜻한 얼굴을 보고 싶을 때마다 사람들에게 먼저 미소를 지어 보인다. 쉽게 웃는 것은 그날의 기쁨을 얻을 수 있는 아주 값싼 방법이고, 그러다 가끔 나의 친절로 누군가의 삶에 생기가 더해진다면 완벽한 하루가 되는 것이다. 내 정신 건강도 챙기고, 다른 사람에게 기쁨도 주고!

반복되는 일이 지루해질 때쯤, 또다시 상대의 미소에서 힘을 얻을 생각이다. 그리고 그 힘을 다른 사람에게 전해주며 충분히 의미 있는 하루를 보냈다고 뿌듯해할 계획이다. 뻔히 예상되는 내일이지만 함부로 예측하지 않고, 어떤 일이 일어날지 기대하는 마음으로 잠들고 싶다. 그리고 무엇보다 매일 반복되는 나의 역할을 잊지 않을 것이다.

1. 고통이 발목 잡을 때

미움의 불씨

가까스로 벗어난 미운 마음에서 다시금 작은 불씨가 피어오름을 느낄 때가 있다.

'억울해. 그 사람은 나의 노력과 다정한 마음을 짓밟았어.'

살며시 피어오른 마음에 덜컥 넘어가 또 다시 미워질 때가 있는데 그건 진정한 용서가 아니라는 생각이 들었다. 나를 유혹하는 마음과 그것이 옳지 않음을 알려주는 마음이 동시에 작용해서 괴롭기도, 의젓해지기도 했다. 밧줄 하나를 양쪽에서 잡고 줄다리기하듯 그 사람에 대한 마음을 이리저리 밀고 당기며 성숙해지는 과정을 겪었다.

나는 고작 마음 하나로 시간을 허비하고 있었구나.

그동안의 갈등을 '고작'이라고 표현하는 건 싫지만, 그래도 조금 태연해진 마음을 느낄 수 있었다. 그런 뿌듯함을 느낄 때마다 잘하고 있다고 아낌없이 마음으로 칭찬했다.

다른 사람에게 인정받고 싶은 욕구는 나를 위험하게 한다. 미워할 이유를 합당하게 여기는 순간 안전한 마음에서 멀어진다. 그리고 미운 마음에 누군가 동조하면 그 순간, 불길이 빠르게 번져 마음 전체를 태운다. 언제나 작은 불씨를 조심해야 한다. 설마 이렇게 작은 불씨가 다 태우겠어? 할 만큼 작은 불씨는 늘 아무것도 남기지 않았다.

한숨을 끄는 마음

마음에 얹혀 한숨짓게 하는 사람과 상황이 있다. 지혜로운 사람은 아버지를 기쁘게 하고, 어리석은 사람은 어머니의 근심이 된다고 했던가. 나의 자녀도 아닌 사람이 나를 근심케 하면 나는 이참에 그를 양자녀 삼아버리면 되는 걸까. 그리고 내가 못 본 척 돌아설 수 없는 상황이 있다면 할 수 있는 것들을 찾아 움직여야겠지.

근심하는 마음을 잠재우기 위해 크게 한숨을 쉬었다. 그리고 깊이 숨을 들이마셨다. 코로, 폐부 끝까지 아주 깊이. 그리고 얕게 숨을 뱉으며 생각한다. '이 모든 건 훈련이다. 예상 못 할 상황은 많고, 그때마다 나는 단단한 사람일 것이다. 논점을 흐리지 않고 문제 상황을 제대로 볼 줄 아는 눈을 갖게 될 것이다. 우린 더욱 하나가 되어 함께 고민하고 애쓸 것이다. 이런 강한 마음을 가질 수 있을 것이다.' 오늘도 어김없이 다짐하는 마음으로 깊은 한숨을 끈다.

기도하는 불면의 밤

불면증이 생겼다. 처음으로 잠들지 못한 그날, 유일하게 나만 하루를 끝내지 못한 기분이 들었다. '이러다 내일이면 피곤해서 잠들겠지.' 스스로 달랬던 마음은 허무하게도 한 달 내내 뜬눈으로 밤을 지새우는 데에 썼다.

꼬박 한 달 동안 나는 침대에 누워 천장을 바라봤다가, 눈을 감았다가, 옆으로 돌아누워 벽을 보다가, 다시 반대로 누워 옷장을 봤다. 수많은 뒤척임 속에 근심을 묻었다. 매일 밤, 마음에 박힌 가시를 하나씩 뽑아내는 고통 속에서 사람이 이렇게나 연약할 수 있다는 것을 알았다.

우느라 잠들지 못하고, 우느라 기운이 빠졌던 슬픔의 계절. 꼬박 지새운 날들은 나를 고달프게 해 불면증이 잦아든 지금도 문득 그때가 떠오른다.

어쩌면 그때의 나처럼 남몰래 울고 잠들지 못하는 지인들이 있지 않을까 생각하게 된다. 사람들 앞에서는 아무렇지 않은 척, 씩씩한 척하지만 사실 속은 문드러지고 있을 나의 사람들. 혹, 불면에 시달리는 당신이라면 부디 오늘은 깊이 잠드는 밤이 되길 바란다. 진심으로 사랑하는 사람들이 잘 자는 요즘이길 기도한다.

행복과 불행의 상관관계

우리는 행복을 바란다. 불행을 바라는 사람은 없다. 하지만 현실은 지독하다. 바쁘고, 피곤하고, 정신없고, 아쉽다. 그래서 쉽게 불행해진다. 피로를 두 눈에 얹고 출근 준비를 하고, 출근하는 길에 벌써 퇴근을 생각한다. 편히 쉬다가도 문득 해야 할 일이 떠올라 마음이 불편해진다. 불행할 때마다 '지금만 지나면 행복해질 거야'하고 자기를 달랜다. 얼른 고대하는 행복이 오면 좋겠다고 생각한다. 어느새 인생의 목표는 '행복하게 살기'가 된다.

행복의 방법을 모른 채 막연한 기쁨을 바라는 건, 마치 네잎클로버를 찾는 시간 같다. 두 눈을 크게 뜨고 무릎에 흙을 묻히면서 풀 사이를 뒤져봐도 '행운'을 상징하는 네잎클로버를 찾는 건 쉽지 않다. 늘 어딘가 부족해 보이는 세잎클로버만 가득할 뿐이다. 그런데 흔해서 싫은 세잎클로버의 꽃말은 '행복'이다. 어쩌다 한 번 오는 행운을 바라는 것보다, 자주 느끼는 행복이 더 소중하다는 의미로 지어진 꽃말이다. 이처럼 '인생의 목표'를 행복으로 두는 순간, 우리는 조금 더 불행해진다. 이미 행복한 사람은 행복을 바라지 않기 때문이다.

막연한 행복을 자주 상상할수록 현재는 초라해질 수밖에 없다. 그러니 중요한 것은 '강도'보다 '빈도'다. 한방의 큰 행복보다 적당한 크기의 행복 백 번이 나를 더 살게 한다.

연차를 꾸역꾸역 모아 연말에 한 번 다녀오는 해외여행보다 두 달에 한 번씩 가는 국내 여행이 더 자주 숨통을 트이게 하는 것처럼, 행복이 너무 먼 간격으로 오면 다음까지 어떻게 버틸지 근심하게 된다.

자주 행복할 수 있는 비결은 감사에 있다. 작은 것에 감사하기 시작하면 쉽게 행복해진다. 사실은 어떤 상황 그 자체가 진짜 문제일 때보다 그 상황을 바라보는 나의 시선이 더 큰 문제일 때가 많다. 힘든 하루여도 분명 그날만의 행복이 있고, 큰 한 방을 백 개로 쪼개 쓸 만큼의 기회가 있다. 이미 우리는 언제든지 행복할 수 있는 사람이다.

2. 지혜가 필요할 때

기둥과 가지

어떤 선택을 할 때, 딱 하나만 생각한다.
'기둥인가, 가지인가.'

사람에게는 각자 중요하게 생각하는 가치가 있다. 이를 순위 매겨 나에게 무엇이 더 중요한지 손꼽기도 한다. 하지만 생각보다 많은 사람이 그런 우선순위를 명료하게 말하지 못한다. 자기 인생에 중요한 것이 한, 두 가지가 아니기 때문이다. 물론 복잡한 인생을 단 하나의 가치로만 살 순 없지만 우리는 알게 모르게 매 순간 가치의 우선순위를 판단해서 행동한다. 부모의 양육 태도, 사람을 만날 때의 판단력, 사회생활 중의 순발력, 문제 상황에서의 해결 능력과 같은 굵직한 순간이 그 예다.

사람의 마음에는 나무 한 그루씩 있는데 그 나무의 기둥은 절대기준, 가지는 선택사항이다. 가지치기한 나무도 역시 나무지만, 기둥을 댕강 잘라 밑동만 겨우 남긴 나무는 더 이상 나무로 불리지 않는다. 나의 선택도 이런 사고방식으로 이루어진다. 끝까지 놓칠 수 없는 것, 없으면 안 되는 것, 절대 마지막까지 남겨놔야 하는 것을 '기둥'으로 여기고 그것에 집중한다. '지금의 선택은 고집부려서라도 지켜야 하는 신조인가?' 그렇게 생각하면 기둥과 가지가 구분된다. 나에게 가장 중요한 절대기준을 '기둥'으로 남기면 있다가도 없고, 없다가도 있는 '가지'엔 큰 욕심이 안 생긴다. 그럼 점점 사람들과 '가지'를 두고 싸울 일도 줄어든다. '가지'는 언제든 양보할 수 있고, 다시 배려받아 얻을 수 있기 때문이다.

때때로 주변 친구, 동생들이 어떤 기준으로 사람을 만나야 하는지 고민하는데, 나는 그들에게 어떤 가치를 가장 중요하게 생각하냐고 묻는다. 외모는 내 스타일인데 대화할 때마다 서로 너무 달라서 스트레스를 받는다면 외모보다 서로의 지향점이 더 중요한 부분일 것이다. 어느 부부는 결혼해서 휴지 걸어두는 방향이나 치약 짜는 방법 때문에 싸운다고 말했다. 다르게 살아온 두 사람이 함께 지낼 땐 당연히 부딪히고 조율해야 할 부분이 있지만, 그게 싸울 거리라고 하니 결혼이 피곤아 세들렸다. 휴지나 치약보다 두 사람 사이에 무엇이 더 중요한지 구분하고 집중하는 시간이 필요하다. 이 외에도 우린 무수한 결정 앞에서 망설여질 때가 있다. 이게 맞을까, 저게 맞을까. 그럴 땐 딱 하나만 생각하면 된다. '기둥인가, 가지인가.'

우리는 이 시대를 살아갈 때 확고한 원칙과 판단의 척도가 필요하다. 아닌 것은 버리는 용기와 결단이 있어야 한다. 단 한 번의 선택은 찰나 같지만, 사실 그동안 쌓아온 가치 안에서 만들어진다. 내가 그동안 선택해 온 것들을 돌아보면, 나의 기둥이 무엇인지 알 수 있다.

정상성에 대한 고민

인생은 많은 부분 예고되어 있다. 학교, 졸업, 취직, 결혼, 출산, 은퇴 등. 이런 획일적인 삶의 방향이 안정적으로 느껴질 때도 있지만 어떨 땐 '어쩔 수 없는 선택'처럼 느껴지기도 한다. 대한민국에선 이런 순서를 중요시하고, 다른 길을 선택했을 때의 결과가 좋지 않으면 '그럴 줄 알았어'가 되기 때문이다.

어릴 때부터 정상성에 노출된 우리는 자기 위치를 남과 비교하고, 남보다 못하다고 생각되면 주눅 드는 안타까운 상황을 겪는다. 집에서는 "좋은 대학 가야지" "졸업했으면 바로 취직해야지" "결혼해야지"와 같은 다음 단계에 대한 안내를 끊임없이 하고, 다수가 선택한 길로 가지 않으면 마치 자식이 희대의 반항아인 것처럼 걱정한다. 아마도 '남들처럼 평범하게만 살아다오'의 의미는 '다른 길로 갈 생각하지 말고 남들 하는 대로만 하면 돼'일 것이다.

중고등학교에서 진로 프로그램을 진행하다 보면 심심치 않게 발견하는 것이 '부모님의 권유'로 진로 결정한 학생들이다. 반에서 진로 결정한 학생이 10명이라면, 그중에 절반 이상이 부모님이 원해서 결정한 것이라고 대답한다. 그런데 대부분 부모님의 권유는 경제적 관념에 따른 것일 때가 많다. 자녀가 무엇을 좋아하고 잘하는지 알아차리거나 어떤 가치를 좇아야 할지 가르치는 것보다 부모 자신이 이루지 못한 꿈을 투영해 인생 계획표를 짜준다. 물론, 자녀를 생각하는 마음에서 취하는 태도일 테고, 자녀가 부모님과 상의하고, 모르는 부분에 대해 도움을 받는 건 좋지만 스스로 고민하는 시간을 넉넉히 가지면 좋겠다는 생각이 들었다. 인생을 고민하지 않고 다른 사람의 안내대로만 살면 언젠가 길을 잃고 방황하는 때가 오기 때문이다. 대책도 없으면서 남 보기 좋은 일에 집착하는 '허세'나 노력도 안 하면서 잔소리는 듣기 싫어하는 '나태함'을 개인적인 선택으로 합리화할 순 없겠지만, 질서 안에서 자기 나름의 열심과 치열함이 있다면 새로운 길을 개척할 수 있지 않을까.

흑과 백 사이에는 수십 가지의 색이 있다. 공부를 못하고, 결혼을 안 했다고 실패한 인생이 되지 않는다. 다수가 꺼리는 좁은 길을 갈지라도 오히려 마음에 평안이 넘칠 수 있다. 그러니 당신의 고민이 다른 사람의 선택과 다르더라도 질서 안에서 움직이는 것이라면 괜찮다고 말해주고 싶다. 당신의 치열함을 응원한다.

누구나 하는 일에 도전하기 두렵다면

30대가 돼서야 운전면허증을 취득했다. 예전부터 운전 면허 시험을 치고 싶었는데 바쁘기도 했고, 시간이 지나면서 두려움도 쌓여 미루고 미뤄왔다. 특히 '겁 많은 내가 잘할 수 있을까? 운전 감각이 없어서 민폐만 끼치는 건 아닐까?'라는 생각에 선뜻 도전하지 못했다. 그러다 문득 '길에 이렇게나 차가 많은데 나라고 못 할 게 뭐야?'라는 생각이 들었다. 그리고 몇 번의 연습 후 놀랍게도 장내 기능 시험과 도로 주행 시험을 모두 한 번에 합격했다. 물론 시험과 실전은 다르지만, 연속 합격을 경험하니 내가 얼마나 겁내고 있었는지 알았다.

많은 사람이 하는 일임에도 나에겐 어렵게 느껴지는 것이 있다. 다른 사람들은 척척 해내는 것 같은데, 내 상상 속의 결말은 실패에 가깝다. '할 수 있을까, 부끄러움만 당하는 게 아닌가.' 한 번에 완벽히 해내고 싶은 마음은 회피의 태도가 된다. 어쭙잖게 할 바에는 아예 안 하는 게 낫다고 생각하며 '할 수 없는 마음'을 '하기 싫은 마음'으로 포장한다. 난 절대 할 수 없어서가 아니라 제대로 하고 싶은 마음일 뿐이라고 생각하며 버틴다.

하지만 우린 평생 도전해야 하는 존재가 아닌가. 강해서라기보다 오히려 약하기 때문에 계속 해야 한다. 10년 후에도, 20년 후에도 끊임없이 인생의 과제는 생길 테고, 그때마다 나는 망설이고 싶지 않다. 젊은 날에 단련하며 쌓은 연륜으로 멋들어지게 무언갈 시작하는 사람이 되고 싶다. 그러기 위해서는 지금, 이 젊은 날에 부지런히 움직여서 도전 근육을 발달시켜야 한다. 도망치기보다 마주하는 사람, 생각만으로도 멋지지 않나!

　이 마음 덕분에 '그냥 해보면 안 돼?'라고 스스로 타이르고 응원하는 버릇을 들이니 실패가 쉬워 보였다. 몇 수 앞을 걱정하는 태도는 너무 세상을 피곤하게 사는 방법 같아서 이참에 단순히 살아보자고 생각했다. 사실 실패라고 생각한 날들도 내 인생의 과정일 뿐이라고.

　물론 다른 사람이 성공했다고 나까지 무사히 성공하리라는 보장은 없지만, 다수의 성

공 사례를 기반으로 막연한 두려움을 떨쳐낸
다면 아마도 우려했던 것보다 괜찮은 결말을
볼 수 있을 것이다. 혹시 실패하더라도 배우는
기회가 될 테고, 다시 도전할 용기를 얻을 수
있으니 충분히 의미 있지 않을까. 누구나 새로
운 것을 시작할 때의 두려움은 크다. 결국 해
보면 별거 아닌 경우가 많으니 상상 속 괴물을
너무 키우지 말자.

겸허한 자세를 유지하려면

다양한 사연의 사람들을 만나고, 여러 이야기를 듣다 보면 머릿속에 '사람'에 대한 데이터가 쌓인다. 그래서 상대의 말, 반응, 태도 등을 통해 그 사람이 어떤 유형인지 파악하고, 굳이 뒷말을 다 듣지 않아도 어떤 의도로 하는 말인지 이해되는 때가 있다. 하지만 자주 '그러지 말걸'하고 후회하는 순간은 상황이나 사람에 대해 다 파악했다고 착각하고 "그럴 줄 알았어"라고 말했을 때다. 물론, 정말 알고 말할 때도 있었지만, 지레짐작한 것을 '앎'으로 과장해서 쓸 때도 있었다. 마치 아이가 달리다가 넘어지면 "으이그! 뛰어다니더니 넘어질 줄 알았다. 그러게 조심해야지!"하고 타박하는 부모도 사실은 아이가 넘어질 줄 몰랐던 것처럼(알았다면 미리 잡을 준비를 했겠지), 잘 안다고 생각했지만 돌아보면 모르는 것투성일 때가 많다.

나는 어릴 때부터 질문하거나 '모른다'라고 고백하는 것이 힘들었다. 그래서 대답 자체를 미루거나 어디선가 흘려들은 내용을 아는 척할 때도 있었다. 오래 본 사람에 대해서도 쉽게 생각했고, 나에 대해서도 누구보다 잘 안다고 확신했다. 모른다고 혼나는 것도 아닌데 왠지 다 알아야 할 것 같은 부담감을 느꼈고, 얕보이기 싫었던 것도 사실이다. 그런데 해를 거듭할수록 느끼는 것은 솔직하게 말하며 모른다고 고백하는 사람들의 힘이 크다는 것이다.

자신의 모름을 인정하는 사람은 사실 그 누구보다 지혜롭다고 생각한다. 잘 알지 못하는 것에 대해 짐작해서 아는 체하는 것보다 차라리 아예 모른다고 말하는 솔직함이 비상해 보인다. 그리고 충분히 이해하기 전까지 계속 물어보는 사람들은 도저히 내가 넘을 수 없는 벽 같았다. 그렇게 생각하니 아이들의 끊임없는 질문은 귀찮아할 게 아니라 반가워해야 하는 거였고, 어른이 돼서도 잘 모르니 가르쳐 달라고 요청하는 것은 그 누구보다 겸손한 자세였음을 알게 되었다. 모른다고 말하면 얕보일 줄 알았는데 꼭 그렇지만은 않다는 걸 확인하니 그동안 질문하기를 두려워했던 내가 부끄러워졌다. 배우기 위해 고개를 숙이면 더 많은 것을 얻을 수 있는데, 아무렇지 않게 물으면 되는 것을 왜 어려워했을까. '벼는 익을수록 고개를 숙인다'라는 속담이 어떤 의미였는지 새삼 감동스럽게 느껴지기까지 하다.

　"알고 있었어", "그럴 줄 알았어"라고 말하는 시간이 늘수록 결국 내가 뱉은 말은 덫이 된다. 얕은 지식은 들통날 테고, 왜 알면서 안 밀리고, 아무것도 안 했냐는 원망을 듣거나 왜 아는 척했냐는 비아냥을 들을 수도 있다. 모른다고 말했을 때의 부끄러움은 잠깐이지만, 아는 체하다 모르는 사실이 드러났을 때는 수치스럽다. 같은 분야, 나와 같은 의견인 사람들만 보고 지내면 발전이 없다는 말도 있다. 다양한 분야의 사람을 사귀고, 그 분야에 대해서는 잘 모른다고 고백하는 시간이 늘 때, 겸허하고 빠르게 성장할 수 있다.

　다른 사람의 경험담, 지식은 듣는 것만으로도 간접 체험이 된다. 잘 모른다고 말하면 사람들은 알려주고 싶어서 이런저런 이야기를 해주니 나는 그대로 새로운 정보를 들을 수 있다. 듣다 보면 알게 되는 게 있고, 알다 보면 채워지는 게 있다. 들을 준비가 된 사람은 어디서나

환영받는다. 하나 있는 입으로 적게 말하고, 두 개 있는 귀로 몇 배의 이야기를 듣는 사람이고 싶다. 겸허히, 오래 익는 어른이 돼야지.

큰일을 하고 싶다면

사회적으로 성공한 사람들은 일찍 기상해서 이부자리를 정리하고, 독서와 운동을 꾸준히 하고, 기록하는 습관이 있다고 한다. 자기 환경을 주도적으로 관리하고, 스스로 통제할 수 있는 영역 안에서 최선을 다해 자원을 마련하는 모습이 제법 인상적이다. 이에 자극받은 사람들은 그들을 본받아 부지런히 시간과 목표 관리에 집중하고, 자신이 몸담은 분야에서 인정받고, 훗날 젊은이의 스승이 되며, 자녀에게 존경받는 부모가 되기 위해 나름의 노력을 한다.

그런 노력은 나에게도 필요하고, 누가 봐도 멋진 삶의 태도지만, 물리적인 관리에만 치중하다 보면 누군가의 마음을 잘 헤아리지 못해 탈이 날 때가 있다. 특히 배우자나 부모, 자녀 사이의 긴밀한 관계나 오랫동안 만난 가까운 관계에서 결과만 중요시하는 오류를 범할 때, 생각보다 더 큰 위험을 감수해야 하는 일이 생긴다. 자녀의 마음을 묻지 않고 미래를 강요하거나 배우자의 서운함을 아이의 투정쯤으로 여기듯 어떤 일에서 지도력이 상실된 열정은 곁에 있는 사람들의 분노를 사기 십상이다. 물론 가까울수록 좋은 모습, 안 좋은 모습 다 보는 사이겠지만 결과만 좋으면 된다는 생각으로는 오래 갈 수 없다. 결과가 조금 아쉬워도 사람을 남기면 또 모일 수 있는데, 결과만 보고 가면 사람을 금방 다 잃고 결국 혼자가 되기 때문이다. 물론 모든 사람의 의견을 다 수용할 수 없지만, 아무리 자기 관리가 뛰어난 사람이라도 다른 사람의 마음을 간과하면서까지, 나로부터 상처받은 이의 마음을 헤아리지 못하면서 얻어낼 큰 것은 없을 것이다.

어떤 일이든지 함께 할 사람은 필요하고, 사람이 모인 곳엔 다스려야 할 마음들이 있다. 꿈을 이루고 싶은 나도 존재하지만, 어떤 역할로서의 나도 존재한다. 뜻을 나누며 오래 함께 할 사람을 지키는 것도 내 몫이다. 가까운 사람의 마음을 자주 슬프게 만들진 않는지, 그 사람의 외로움을 모르는 척하진 않는지, 성공에 대한 욕망에만 집중하느라 내 편을 적으로 만들고 있진 않은지 잘 살펴야겠다.

인생을 세우는 일

무언가를 제대로 세우려면 기초 바닥이 튼튼해야 한다. 모래 위에 집을 지을 수 없고, 갯벌 위에 서 있을 수 없다. 넓고 편편한 돌 위에 집을 짓고, 마른 땅 위에 서 있으려면 나의 열심 이전에 무엇을 채워야 좋을지 생각해야 한다.

인생을 세우는 일은 간단한 원리에 있지만, 끊임없이 자신의 위치를 확인하는 점검이 필요하다. 내가 어디에 속하고, 어디로 향하고, 누구와 함께하며, 어떤 자원을 수용하는지 구분하고 알아채야 한다. 인생은 의식적으로 세우려 하지 않으면 금방 무너지고 만다.

3. 사랑하고 싶을 때

보통의 생각

내가 먼저 웃으며 다가갈 때, 상대방도 내게 웃어주기를 바라는 것이 보편적인 생각일 것이다. 나의 다정함이 당연시되지 않기를 바라는 것이 욕심이라면 욕심이겠지. 우리의 만남에는 예쁜 마음들만 있으면 좋겠다고 생각했고, 나도 언제나 그런 마음일 거라고 자만했지만 돌이켜보면 나도 누군가에겐 '어쩔 수 없는 인간'이었다.

우리가 어떤 일에서 남을 탓하긴 쉬워도 나를 돌아보긴 정말 힘들다. 내가 베푼 호의와 내가 떠안은 타인의 무심함만 생각하지,

내가 준 상처는 알아차리기 어렵고, 알고 싶은 마음도 없기 때문이다. 상처받았다고 탓하고, 사랑받는다고 금세 자만해지면 서로에게 아픔을 남긴다. 누구나 준 만큼 돌려받고 싶은 보상 심리가 있지만, 인간관계는 그렇게 간단하지 않다. 그래서 그런 힘든 순간을 만날 때마다 태연하게 굴 수 있는 내공을 갖고 싶다. '저 사람은 저렇구나'하고 쿨하게 넘겨버리는 여유가 있다면 조금 덜 피곤하지 않을까. 그리고 '아직은 살만한 세상'이라고 감탄하는 날이 많아지면 좋겠다. 그러려면 나부터 다른 사람에게 조금 더 따뜻하게 굴어 감탄을 만들어야 할 테다.

'좋은 사람을 곁에 두려면 나부터 좋은 사람이 돼야 한다.'

오늘도 보통의 생각을 해본다.

다정하게 사는 법

한때 사랑에 집착했다. 집착이란 말은 너무 구질구질하지만, 그때의 나를 표현하기에는 적합하다. 사랑은 언제나 내가 동경하는 것이어서 누구든 사랑하고, 누구든 내 사랑을 느껴주길 바랐다. 완벽한 사랑은 현실에 없는데, 한동안 그것을 깨닫지 못한 사람처럼 끊임없이 완벽히 사랑하기를 애썼다. 그렇게 무의미하고 외로운 자기 싸움을 하면서 내 사랑을 알아주지 않는 사람들에게 자주 아쉽고 서운한 마음을 느꼈다. 늘 그 끝은 '더 사랑하지

못한 내 탓’이었지만, 그것은 나를 얽매는 것
뿐 아니라 내가 사랑한다고 고백했던 이들에
게도 알 수 없는 부담을 줬다.

　　지독한 짝사랑을 하고 나니 우리 사이
에 ‘완벽’은 없다는 걸 알았다. 아무리 이상적
인 관계를 기대하고 노력해도 나는 절대 이상
적인 인물이 될 수 없었다. 그것을 완전히 깨
달았을 땐 이미 몇 사람을 놓친 뒤라서 ‘왜 더
빨리 깨닫지 못했을까’라는 또 다른 탓을 하
게 됐지만, 자기 연민과 후회가 늘어날수록 남
아있는 사람들에게 미안해졌다.
　　계속 사랑할 사람들이 있는데 떠난 사람
의 뒷모습을 보면서 안타까워하는 게 무슨 의
미가 있을까. 변할 것은 없다. 내가 집중할 것
은 과거가 아니라 현재니까. 이제라도 알았으
니 이젠 조금 편한 마음으로, 새 마음으로, 여

유로운 사랑을 해보자고 생각했다. 다행히 전보다는 조금 덜 얽매인 느낌이다.

　여전히 사람이 좋아서 사람에게 받은 상처를 완전히 외면할 자신은 없다. 사랑하고 싶고, 사랑받고 싶다. 우리 사이에 사랑 없이는 말할 것이 없으면 좋겠다. 우리의 중심에는 오롯이 사랑만이 있기를 바랄 뿐이다. 하지만 아프고 아쉽고 속상한 순간들은 분명 다시 오게 돼 있다. 그때는 이렇게 생각하련다. '나에겐 현재가 있어. 계속 사랑할 사람에게 집중하는 것이 내가 다정하게 사는 방법이야.'

감사일기

　　나이의 앞자리가 바뀌면서 느끼는 좋은
점은 점점 더 작은 일에도 감사할 수 있는 감
각이 생기는 것이다. 예전에는 대단한 일이라
도 일어나야 감사했는데 많은 일들을 거쳐 오
며 나에게 주어진 시간과 사소한 혜택들에도
감탄할 수 있게 되었다. 심지어 안 좋은 일이
일어났을 때도 그 속에 숨겨진 감사를 발견하
곤 한다. 누군가에게는 하찮을 수 있는 일들
도 나에게는 감탄하기 충분하고, 그런 작은
감탄들이 이어지면 내 일상을 조금 더 사랑스
럽게 볼 수 있다. 감사할 것들을 찾다 보면, 모
든 게 다 감사할 일처럼 보인다.

상처받을까 봐 망설여지는 순간

아버지는 말씀하셨다.

"나에게 잘해주는 사람에게 내가 잘하는 게 뭐가 선이냐"

"... 그러네요"

아버지는 살아온 세월 동안 갖은 어려움을 겪으며 길을 닦아오신 분이다. 그런 아버지의 말씀을 들으니 더 이상의 설명이 필요 없었다. 잘해주는 것을 당연하게 생각하는 사람도 있지만, 대부분 나에게 친절히 대하는 사람에

게는 잘하니까 나에게 잘해주지 않아도 내가
먼저 잘하는 것이 진짜 선이었다.

　우린 근본적으로 선한 존재가 아니어서
서로 피해주지 않으려고 적당한 거리를 지키
며 산다. 그나마 주변 사람들에게 따뜻한 언
행을 나누려 살갑게 노력하지만, 생각보다 실
패하는 날이 많다. '친절해야지'라고 마음먹다
가도 '나한테 왜 이래?'라는 방어적인 태도가
나온다. 요즘 시대엔 '받은 만큼만 하자'는 마
음가짐이 일반적이고, 관계를 고민하는 사람
에게 '손절하라'는 조언도 쉽게 한다. 왜 그럴
수밖에 없는지 백번 이해하지만, 오늘은 아버
지의 가르침을 되뇌어 본다.

　먼저 선을 베푸는 것이 순진한 행동처럼
보일 수 있지만, 누군가를 돌보고 그 사람의

마음을 헤아리는 배려는 해도 해도 부족하다. 오히려 '이 정도면 됐다'라는 생각으로 계산하려 드는 내 모습이 싫었다. 당신의 어떤 면이 나를 힘들게 할지라도 그럼에도 사랑하겠노라고 선언하는 마음은 오래도록 다정히 살아갈 힘이 될 것이다. 모든 사람과 다 잘 지낼 순 없겠지만, 상처받을까 봐 친절을 망설였던 순간엔 이제 용기 낼 수 있을 것 같다.

진짜를 알아보는 눈

표면적으로 보이는 요소들을 걷어내고
속을 깊이 들여다보는 눈이 필요하다.

신문으로 포장한 금덩이와
보자기로 포장한 돌.

사람들은 둘 중 어느 것에 더 큰 가치를
둘까. 당연히 금이라고 생각하겠지만 생각보
다 많은 사람이 포장에 현혹돼 돌을 선택한
다. 우린 언제든 풀어헤칠 수 있는 겉 포장에

집중하는 것이 아니라 그 속에 담긴 가치를 봐야 하는 데도 말이다.

외모, 나이, 빈부, 장애, 가정환경 등 물리적인 기준으로 차별한다면 우린 너무 쉽게 실의에 빠질 것이다. 아무리 노력해도 상황은 쉽게 바뀌지 않을 것이고, 가진 것을 크게 잃는다면 사람들이 흉볼까 봐 두려워질 것이다.

'진짜'는 바깥에 널브러져 있지 않고, 가장 중심에 있다. 쉽게 옮겨지지 않고 오히려 더 깊이 뿌리내린다. 이런 내면의 가치를 발견한 사람은 상대방의 존재와 내면의 힘에 집중한다.

우린 본질적으로 같다. 나도 언젠가 늙을 테고, 어떤 사고로 장애가 생길지 모르고, 또 얼마나 궁핍해질지 모른다. 아무리 대단한 사람이라도 가진 것을 잃는다면 남는 건 그 사람의 정신과 마음뿐이다. 보이는 것이 아닌 보이지 않는 것에 소망을 두면 더 큰 것을 보고 느낄 수 있다. '진짜'를 알아볼 때 우린 더 많은 사람을 사랑하고, 힘내어 살아갈 수 있을 것이다.

해와 바람 이야기

이솝우화 중 '해와 바람' 이야기를 좋아한다. 해와 바람이 걸어가는 나그네의 외투를 벗기는 걸로 누가 센지 내기를 하는 내용이다. 내기를 제안한 바람은 세차게 외투를 날려버릴 생각이었지만, 나그네는 추워서 오히려 외투를 더 여몄다. 다음 순서로 해는 따스한 햇볕을 쬐었는데 나그네는 더워서 바로 외투를 벗었다.

사람을 대할 때 강한 어조나 단호한 말이 효과적일 때가 있다. 하지만 해와 바람의 이야기처럼 누군가를 설득하는 과정은 조금 다른 것 같다. 생각보다 사람들은 강한 것보다 연약한 것에 쉽게 무너지고, 마음을 연다. 지나가는 고양이가 귀여워서 잠시 걸음을 멈추고, 아이들의 해맑은 미소에 무장 해제되고, 맞는 말을 하더라도 꾸짖기만 하는 사람보단 일단 내 이야기를 들어주는 사람이 좋다. 상담에서도 초기 단계의 라포 형성은 필수다.

한 사람의 변화는 단번에 이루어지기보다 서서히 스며드는 따뜻함에서 완성되는 것 같다. 기다리는 시간이 필요하겠지만 굳은 마음을 녹이는 데는 포근한 기다림과 따뜻한 수용만 한 게 없다고 생각한다. 그래서 늘 바라기로는 단호한 선배보다 언제나 내 편이라고 느껴지는 언니이고 싶다. 걱정하는 마음으로 조급하게 재촉하기보다 기다리는 마음으로 한결같이 따뜻한 것이 해의 전략 아니었을까.

발견하는 마음

누군가의 1을 알았을 때와 5를 알았을 때의 차이에서 오는 감격이 있다. 내가 생각한 모습 외의 새로운 면을 발견하면 조금 더 그 사람과 가까워진 것 같아 설렌다. 웃음기 없던 네가 슬쩍 미소를 짓고, 말수가 적던 네가 긴장을 풀고 웃긴 말을 하면 내 마음은 순식간에 녹는다. 껍데기 수준으로 알다가 그 사람의 음식 취향이나 가치관이 묻어난 생각을 경험하면 조금 더 친밀해진 것 같다. 때론 그의 눈물과 분노를 보고, 진지한 대화를 나누기도 하며, 실없는 농담을 주고받기도 하면서 다양한 모습을 알아갈수록 우리 사이는 더 풍성해졌다. 그래서 누군가의 긍정적인 변화를 볼 때마다 옆에서 지켜보는 희열이 있다.

최근에는 오랫동안 봐온 사람의 작은 변화를 목격한 적이 있다. 얼마나 변했는지 그 사람과 함께 세어보니 무려 여덟 가지나 됐다. 우리 사이엔 계속 새로운 이야기가 생기는구나. 그의 서툰 고백을 들을 때마다 마음에 감동이 일어났다. 변화는 애초에 작을 수가 없었다. 한 사람의 여덟 가지 변화는 그 사람의 세계 전체를 바꿀 수도 있지 않을까.

나의 시선 안에 그가 있고, 그의 시선 안에 내가 있어서 서로의 눈동자에 비친 자기의 모습을 볼 수 있다. 그래서 서로 발견하고 발

견되는 상호작용이 늘어나면 점점 이해할 구
석도 많아진다. 발견하고자 하는 마음은 그
사람을 나에게 담겠다는 일련의 애정 표현일
지도 모른다.

3. 사랑하고 싶을 때

되갚는 삶

내 인생에 가장 감사한 것은 나에게 아주 중요한 인물들로부터 받은 것이 많다는 것이다. 부모님은 제법 단호한 구석이 있는 분들임에도 늘 내 편이었고, 남편을 생각하면 사랑밖에 떠오르지 않는다. 대학생 땐 겨우 1~2살 많은 언니들이 자주 밥을 사주곤 했는데, 그때마다 내가 돈을 내려고 하니 "다음엔 네가 동생들한테 밥 사주면 돼"라고 내리사랑을 가르쳤다. 그동안 내가 알지 못하는 사이에 대가 없는 친절과 호의, 관심을 받으며 자라왔다는 사실은 내가 세상을 아름답게 볼 수 있는 이유가 됐다. 나를 사랑하고, 계속해서 안전한 길로 안내하는 이들이 있어 기쁘고 감사했다. 그래서일까. 그동안 받아온 사랑에 보답하고 싶어졌다. "이 상을 받을 수 있었던 건 다 팬들의 관심 덕분입니다"라고 소감을 전하는 연예인처럼, 내 인생에 관심 가져준 이들의 사랑을 이젠 내가 되갚아야 했다. 그리고 그런 마음으로 너를 포기하지 않겠다고 스스로 다짐했다.

　　내 인생에 귀인이 있었듯 부디 너에게도 계속 응원하고 도와주는 사람이 있다는 것을 알면 좋겠다. 분명 네가 눈치채지 못하도록 호의와 친절을 베풀어 주신 분들이 있었을 것이다. 그러니 그 기쁨으로 살아가고, 그 기쁨이 또다시 누군가에게 전해지는 순환적인 삶이 되기를 바란다. 너의 인생이 아깝지 않게, 내가 너를 포기하지 않겠다고 다짐했던 마음처럼 너도 너를 포기하지 않으면 좋겠다. 나는 그렇게 너에게 기쁨을 알려주는 사람이 되고 싶다.

'되갚는 삶'이란 사랑해서 안쓰럽고, 안타까워 도와주고 싶고, 오래도록 응원하고 싶은 마음이다. 그리고 언제든지 몇 번이고 용서하게 되는 마음이다. 지금껏 나의 인생을 잘 쌓아준 사람들의 노고를 되갚는 마음이다. 빚을 갚는 마음으로 지금까지 받은 충만한 사랑을 내리 전하며 살고 싶다.

따로 또 같이

우린 세상의 첫날부터 아주 끈질긴 감각으로 연결되었고, 그 감각으로 많은 것을 배웠다. 인간은 연약한 존재이므로 완벽한 삶을 추구할수록 무너지기 쉽다는 것과 삶에서 중요한 것은 손에 있지 않고 마음에 있다는 것, 혼자 살겠다고 다른 사람을 해치면 결국 그 대가는 돌아온다는 것, 선한 뜻을 품고 사는 사람에겐 넘쳐흐르는 삶의 기쁨이 있다는 것. 그동안 치열했던 순간을 돌아보며 앞으로 어떤 삶을 유지해야 하는지 발견하는 시간이었다.

그러니 여느 때와 다름없이 개인의 삶으로도, 공동의 삶으로도 꾸준히 해내야 하는 일들에 집중하며 기쁘게 살아내기를 소망한다. 서로의 온기를 느끼며 우리 인생에 나타난 귀인을 잊지 않기를, 또 내가 누군가의 귀인이 된다는 것을 기억하며 힘내기를.

마음에 들어왔다가 내 글이 되어 나간 이들과 이 책을 읽은 모든 분께 감사하다. 우리, 따로 또 같이 오늘의 충만함을 사랑하자.

사이를 잇는 감각으로

초판 1쇄 발행 2023년 10월 30일

4쇄 발행 2023년 12월 18일

저자 윤사라

표지 사진 윤사라

로고디자인 김소희

출판사 비와꽃

출판등록 2019년 7월 1일 (제567-2019-00024호)

이메일 bwgg.book@gmail.com

인스타그램 @bwgg_book

ISBN 979-11-972600-2-5